Diana Noemi Questa Landucci

Guia Prático

da língua espanhola

DIANA NOEMI QUESTA LANDUCCI

Guia Prático

da língua espanhola

Porto de Idéias
EDITORA

São Paulo, 2010

Guia prático da língua espanhola
Textos em Português
Diana Noemi Questa Landucci

Editor
Sebastião Haroldo de Freitas Corrêa Porto

Projeto Gráfico
Caroline Silva

Capa
Juliana Signal

Revisão
Lucas de Sena Lima

Dados Internacionais de Catalogação na Publicação (CIP)
(Câmara Brasileira do Livro, SP, Brasil)

Landucci, Diana Noemi Questa
   Guia prático da língua espanhola / Diana Noemi Questa Landucci. -- São Paulo : Porto de Idéias, 2010.

ISBN 978-85-60434-72-5

1. Espanhol - Estudo e ensino 2. Espanhol - Gramática I. Título.

10-03566	CDD-465

Índices para catálogo sistemático:
1. Espanhol : Gramática : Linguística   465

Todos os direitos reservados à
EDITORA PORTO DE IDEIAS LTDA.
Rua Pirapora, 287 – Vila Mariana
São Paulo – SP – 04008.060
Tel. (11) 3884-3814 – Fax (11) 3884-5426
portodeideias@portodeideias.com.br
www.portodeideias.com.br
twitter.com/portodeideias

Impressão e acabamento: Yangraf Gráfica e Editora

A autora deste trabalho é especialista em Língua Espanhola. Trabalha há muito tempo com o ensino desse idioma para brasileiros e durante todo esse período detectou os problemas mais frequentes das pessoas que têm como língua materna o português.

Este *Manual de bolsillo de la lengua española* não é uma gramática. Trata-se de um guia prático para as dúvidas do cotidiano de quem escreve ou fala a língua espanhola .É um trabalho contrastante entre o português e o espanhol. Muitas vezes este contraste se faz necessário devido à semelhança entre os dois idiomas.

Este material também está disponível com as explicações em espanhol.

Caro leitor, espero que este *Manual de bolsillo de la lengua española* seja muito útil, que o utilize com frequência e que você nunca deixe de estudar esta língua, porque, de acordo com os espanhóis, "é a língua para se falar com Deus".

Um abraço, professora Diana.

Artigos

Artigos definidos	Artículos definidos
O – os	El – los
A – as	La – las

O carro → *el coche*
Os carros → *los coches*

A casa → *la casa*
As casas → *las casas*

Artigos indefinidos	Artículos indefinidos
Um – uns	Un – unos
Uma – umas	Una – unas

Um cachorro → *un perro*
Uns cachorros → *unos perros*

Uma casa → *una casa*
Umas casas → *unas casas*

Preposições mais artigos

Em + a/as = na/nas Em + o/os = no/nos	En la/las En el/los
De + a/as = da/as De + o = do De +o = dos	De la/las De + el = del De + los = de los
Por + a/as = pela/as Por + o/os = pelo/os	Por la/las Por el/los
A+ a/as = à/às A + o = ao A + os = aos	A la/las A + el = al A + los = a los

Eu estou **na** escola agora.
→ *Estoy **en la** escuela ahora.*

Saio **do** trabalho **às** 6 **da** tarde.
→ *Salgo **del** trabajo **a las** 6 **de la** tarde.*

Vou **ao** cinema todos os sábados.
→ *Voy **al** cine todos los sábados.*

Vamos passar **pelo** banco antes de almoçar.
→ *Vamos a pasar **por el** banco antes de almorzar.*

Pronomes

Os pronomes pessoais diferem quanto a sua utilização entre as duas línguas.

1. Os pronomes com função de sujeito – **yo** – **tú** – **él / ella** – **nosotros** – **vosotros** – **ellos/ellas**, são comumente utilizados em português:
   → Eu vou de ônibus – Ela é minha professora.

   Na língua espanhola, estes pronomes se utilizam quando se quer dar ênfase; caso contrário, não são necessários:
   → *Voy en autobús – Es mi profesora*
   → *Llegamos muy tarde – Quieren una gaseosa*

   Para dar ênfase:
   → *Marcos es ingeniero, yo soy profesora.*

2. Os pronomes com função de objeto – **la** –**las** – **lo** – **los** – **le** – **les**, são muito utilizados em espanhol, inclusive, muitas vezes, repetidos na mesma frase.

   Por exemplo, em português, quando temos a pergunta: **Você compra o jornal?**, a resposta mais comum é: **Sim, eu compro**.

   Em espanhol, para a pergunta *¿Compras el periódico?*, estamos obrigados a utilizar o pronome objeto que se refere ao jornal: *Sí, **lo** compro*.

¿Puedo cerrar la puerta? → *Sí, ciérra**la***
¿Has leído el nuevo libro de Isabel Allende? → *No, todavía no **lo** he leído.*

A oração *Quiero preguntar una cosa a mi amiga,* não tem uma compreensão clara para uma pessoa de língua espanhola. O correto seria repetir o objeto indireto (*a mi amiga*) em forma de pronome, colocado ao começo da oração ou junto ao segundo verbo: ***le** quiero preguntar una cosa a mi amiga* o *Quiero preguntar**le** una cosa a mi amiga.*
***Le** traje un regalo a Marina.*
*(Yo) Quiero comprar**me** un reloj.*
***Le** envié un correo electrónico a Juan para mandar**le** mi nueva dirección.*

*Vi una camisa que me gustó mucho por eso **me la** compré.* → Se não colocarmos esses pronomes, não ficará claro para essa pessoa se o que vai comprar é a camisa ou outra coisa.
*Vi una foto de París y me gustó mucho. Me gustaría conocer**la**.*

OBS.: Gramaticalmente, não há nenhuma norma que regularize estes dois casos dos pronomes; utilizam-se desta forma para permitir a perfeita compreensão do que se quer comunicar.

Meios de transporte

A preposição utilizada para os meios de transporte é **en**.

Voy a trabajar **en** *coche*
en *tren*
en *autobús*
en *metro*

Excepcionalmente, utilizamos: *A pie – A caballo*

Dias da semana

Domingo
Lunes
Martes
Miércoles
Jueves
Viernes
Sábado

Em espanhol, os dias da semana são **masculinos**.

El lunes – El sábado

Nunca utilizamos a preposição *en* na frente dos dias.

Vou chegar **na** (em + a) terça feira.
→ *Voy a llegar **el** martes*

Meses do ano

Enero	Julio
Febrero	Agosto
Marzo	Septiembre
Abril	Octubre
Mayo	Noviembre
Junio	Diciembre

Antes dos meses do ano, utilizamos a preposição *en*.
→ *Nací en mayo.*
→ *Llegaremos a España en octubre.*

Conjunções coordinantes

a. Quando queremos somar ou acrescentar informações usamos a conjunção **y**.
 → *Juana y Pedro son muy amigos.*
 → *A mí me gusta mucho cantar y bailar.*

Mas, a conjunção **y** tem uma variante: **e**, que se utiliza quando a palavra que vem a continuação começa por **i** ou **hi**:
 → *Juana e Inés son muy amigas.*
 → *Ella canta e imita muy bien a cantores famosos.*

b. A conjunção **o** tem um significado de alternância
 → *Vamos a la fiesta con José o Paulo.*
 → *Los domingos vemos una película o leemos algo.*

Mas a conjunção **o** tem uma variante: **u**, que se utiliza quando a palavra seguinte começar por **o** ou **ho**:
 → *Vamos a la fiesta con José u Oscar.*
 → *Los domingos vemos una película u oímos música.*

Conjunções / advérbios

a. *Por (lo) tanto / Entonces / Así que*

→ *Faltó todo el mundo **por (lo) tanto** / **entonces** / **así que** no hay prueba*

Assim que: *en cuanto / inmediatamente*
→ ***En cuanto** llegué, me duché.*

b. *Mientras:* enquanto
Expressa simultaneidade de ideias

→ *Mientras me baño, pon la mesa, por favor.*

c. *Siempre que* – desde que

***Siempre que** llueve, uso paraguas* → Temporal: *llueve*: presente do indicativo
Cuando → *Quando* chove, eu uso guarda-chuva

***Siempre que** llueva, usaré paraguas* → Condicional – *llueva*: subjuntivo
Desde que chova, usarei o guarda-chuva.
***Desde** que que me casé, no vivo más con mis padres.*

Em espanhol, *desde que* indica quando a ação começou.

d. Aunque – ainda que / mesmo que / embora / apesar de que

→ **Aunque** haya mucha fila, hoy compro las entradas.

e. Todavía – aún – advérbios: expressam a duração de uma ação até um momento determinado – **ainda**

→ El autobús **todavía / aún** no ha llegado

Aun (sem acento) é uma conjunção e equivale a **incluso**.
→ **Aun** viéndolo, no lo creía

Pretérito imperfeito do indicativo

Todos os verbos da primeira conjugação, ou seja, os terminados em **–ar**, têm sua terminação em **aba**, sempre com a letra B.

Cantar	*cantaba*
Bailar	*bailabas*
Terminar	*terminaba*
Contar	*contábamos*
Trabajar	*trabajabais*
Almorzar	*almorzaban*

Tempos compostos

Em espanhol os tempos compostos se conjugam com o verbo auxiliar **HABER**, e não com o verbo **TER**, como em português:

Os meninos têm participado de todos os jogos ultimamente.
→ *Los niños han participado en todos los juegos ultimamente.*

Eu tinha escrito uma carta para meus amigos.
→ *Yo había escrito una carta para mis amigos.*

Ele teria começado o curso se não fosse tão caro.
→ *Él habría comenzado el curso si no fuera tan caro.*

Presente do subjuntivo / indicativo
Futuro do subjuntivo

1. Em português, frases como: "Quando eu chegar, te chamo", são muito comuns. A oração: "Quando eu chegar", está no futuro do subjuntivo, tempo muito utilizado. Mas, este tempo verbal em espanhol é considerado arcaico, e por tanto, não se utiliza nos dias de hoje; obrigatoriamente, deve ser substituído pelo **presente do subjuntivo**.

Vejamos alguns exemplos:
Quando eu chegar, te chamo
→ *Cuando llegue, te llamo.*

Quando nós morarmos em Paris, passearemos pelo Senna todos os dias.
→ *Cuando vivamos en París, pasearemos por el Senna todos los días.*

Eu te contarei a novidade assim que eu puder.
→ *Te contaré la novedad en cuanto pueda.*

2. Nas frases condicionais com o futuro do subjuntivo, em português, se exige a mudança para o **presente do indicativo** em espanhol.
   Alguns exemplos:

   Se eu souber que você está mentindo...
   → *Si sé que estás mintiendo....*

   Se não nos apressarmos, perderemos o avião.
   → *Si no nos apuramos, perderemos el avión.*

Verbo *ir*

Em espanhol, o verbo **IR** vem seguido, obrigatoriamente, da preposição **a** quando indica que alguém *va a hacer* (vai fazer alguma coisa) algo:

→ *El próximo sábado vamos a ir a una fiesta.*
→ *En julio voy a viajar a Bahía.*

IR / IRSE: O verbo **IR** significa mover-se, andar de um lugar a outro. Mas quando é acompanhado de um pronome oblíquo, significa "ir embora".

→ *Chau. Me voy.*
→ *¿Por qué te vas antes de la película?*
→ *Juan va a salir de la oficina más temprano.*

Verbo *jugar*

O verbo **JUGAR** quando vai seguido de um esporte, exige a preposição **a**:

→ *Los niños van a jugar a las cartas.*

Quando o esporte é masculino, *el fútbol*, por exemplo, fica da seguinte forma:

→ *Los niños van a jugar al (a + el) fútbol.*

Verbo *quedar / se*

O verbo **QUEDAR** significa "ficar".

→ *El hospital queda a dos cuadras de aquí.*

Mas, quando este verbo se refere a pessoas, é obrigatório o uso do pronome complemento.

→ *El sábado pasado me quedé en casa descansando.*
→ *Patricia se quedó muy feliz con la noticia.*

Verbos *hablar* / *decir*

O verbo **HABLAR** se refere, em espanhol, à ação de pronunciar as palavras. Dessa forma, o utilizamos para:

Hablar una lengua;
 alto / bajo;
 rápido / despacio;
 bien / mal.

O verbo **DECIR** é comunicar alguma coisa, dizer algo.

Quando em português dizemos: "Já te falei que não gosto de teu comportamento", em espanhol devemos utilizar o verbo **DECIR**: *Ya te dije que no me gusta tu comportamiento.*

Outros exemplos:
→ *¿Te dije lo que me pasó anoche?*
→ *La madre siempre dice lo mismo a sus hijos, pero parece que ellos no la esuchan.*

Verbo *gustar*

O verbo **GUSTAR** é diferente do verbo em português. Tem somente duas formas: singular e plural que dependem do objeto do gosto.

Sempre vai precedido de um pronome.

(a mí) Me gusta el chocolate
(a ti) Te gusta comer chocolate
(a él / a ella / a usted) Le gusta esta revista
(a nosotros) Nos gusta leer esta revista
(a vosotros) Os gusta esta moto
(a ellos / a ellas / a ustedes) Les gusta andar en moto

Os exemplos anteriores aparecem com o verbo **GUSTAR** no singular porque o objeto do gosto está no singular (chocolate) ou é um verbo (comer)

(a mí) Me gustan los chocolates
(a ti) Te gustan las revistas de coches
(a él / a ella / a usted) Le gustan las motos nuevas
(a nosotros) Nos gustan los videos de aventuras
(a vosotros) Os gustan las novelas policiacas
(a ellos / a ellas / a ustedes) Les gustan los coches de carrera

Os exemplos anteriores aparecem com o verbo **GUSTAR** no plural porque o objeto do gosto está no plural (chocolates)

Os pronomes que aprecem entre parêntesis, não são obrigatórios.

Grande / pequeño – mayor / menor

Mayor e *menor* se utilizam para idade ou tamanho. Na língua espanhola é correto dizer ***más grande*** e ***más pequeño***. Normalmente, na linguagem coloquial, se utiliza ***mayor*** e ***menor*** para indicar a idade.

Juan tiene 12 años y Renata tiene 14.
→ *Juan es **menor** y Renata es **mayor**.*

Juan mide 1,56m y Renata 1,50.
→ *Juan es **más grande** que Renata.*

*Mi casa es **más pequeña** que la tuya.*

Letra H

Todas as palavras que começam pelos ditongos **–ue** ou **–ie** precisam levar a letra H antes.

hierro – hielo – huevo – hueso

A letra H nunca se pronuncia, nem quando aparece no meio de uma palavra:
ALMOHADA (do árabe)
ALCOHOL (do árabe)
AHORA (do latim)

Tabela de conjunções

Español	Português
Aunque	Embora
Mientras	Enquanto
Todavía	Ainda
Además	Além disso
En cuanto	Assim que
Mas, pero	Mas
Sin embargo	Porém

Índice remissivo

Artigos, 7

Conjunções, 14
    advérbios, 15
    coordinantes, 14
    tabela de conjunções, 28

Dias da Semana, 12

Grande/pequeño – mayor/menor, 26

Letra H, 27

Meses do ano, 13

Preposições, 11
    preposições mais artigos, 9

Pronomes, 9

Tempos verbais, 17
    futuro do subjuntivo, 19
    presente do subjuntivo/indicativo, 19
    pretérito imperfeito do indicativo, 17
    tempos compostos, 18

Verbos, 21
    gustar, 25
    hablar/decir, 24
    ir, 21
    jugar, 22
    quedar/se, 23

São Paulo, 2010